Bintu Ki Akello By'ayagala Enyo Okukola?

What does Akello love to do?

Written by Dr. Sarah Eyaa
Translated by Ms. Peace Kwagala
Illustrated by TitanSign

First Published 2022
Copyright © Sarah Eyaa

Translator: Peace Kwagala
Illustrator: Titan Sign

All Rights Reserved. No part of this book may be reproduced, distributed, stored in a retrieval system, or transmitted in any form or by any means without the prior written permission of the author, except in the case of brief quotations embodied in critical reviews and certain other noncommercial uses permitted by copyright law.

ISBN - 978-0-6454427-2-4

Dedication

This book is dedicated to my family and all people who are seeking to learn a local language.

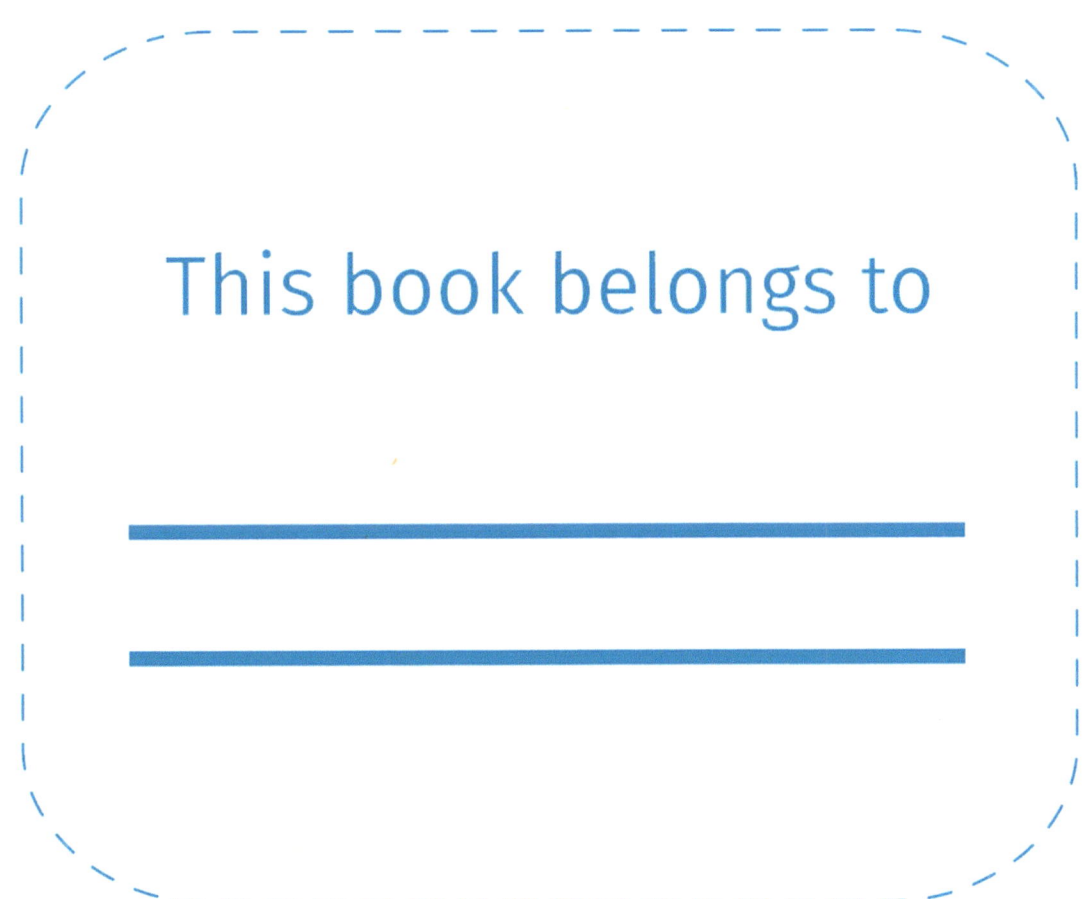

Sisinkana Akello

Akello muwala muto okuva e Lango. Eggwanga lino lisangibwa mu mambuka ga Uganda era nga boogera olulimi olumanyikiddwa nga Leb-Lango. Ekitabo kino kitulaga ebintu Akello by'ayagala okukola.

Meet Akello

Akello is a little girl from the Lango tribe. This tribe comes from Northern Uganda and speaks a language known as Leb-Lango. This book shows us the things that Akello loves doing.

Akello ayagala nyo okugenda ku ssomero
(Akello loves going to school)

Akello ayagala nyo okusoma ebitabo
(Akello loves reading books)

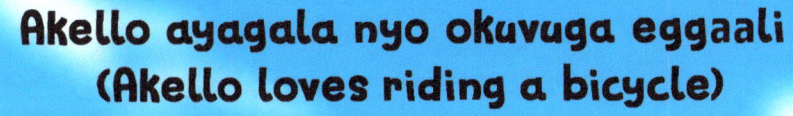

Akello ayagala nyo okuvuga eggaali
(Akello loves riding a bicycle)

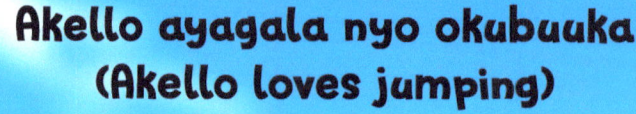

Akello ayagala nyo okubuuka
(Akello loves jumping)

Akello ayagala nyo okukuba ebifaananyi
(Akello loves drawing)

Akello ayagala nyo okudduka
(Akello loves running)

Akello ayagala nyo okugenda mu katale wamu ne maama we
(Akello loves going to the market with her mother)

Akello ayagala nyo okulinnya emiti
(Akello loves climbing trees)

Akello ayagala nyo okumweenya
(Akello loves smiling)

Bintu ki by'oyagala enyo okukola? Kansuubire onyumiddwa okusoma ku bintu Akello by'ayagala enyo okukola.

(What do you love to do? I hope you enjoyed reading about what Akello loves to do)

The End

www.ingramcontent.com/pod-product-compliance
Lightning Source LLC
Chambersburg PA
CBHW041428010526
44107CB00045B/1538